JN408915

향기로운 생채기

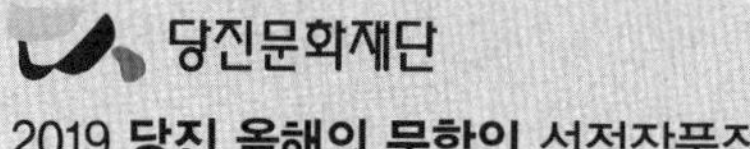

2019 **당진 올해의 문학인** 선정작품집

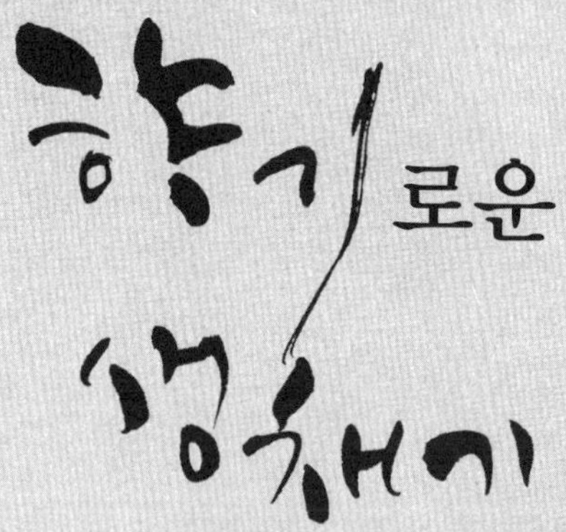

— 김미향 제2시집

도서출판 천우

● 시인의 말

대나무 끝을 두 갈래로 잘라 마당가에 있는 단감을 땄다. 한 입 베어 물자 여러 가지 맛이 한꺼번에 들어왔다. 겨울의 혹독한 추위를 견디고 쓰린 마음을 옹이로 담은 떫은맛, 알싸한 봄을 맞아 틔우려 애쓴 새싹의 싸릿한 맛, 삼복염천 땀방울을 안으로 삭힌 한여름의 짭짤한 맛, 이 모진 계절을 다 견디고 화사한 웃음 넉넉히 머금은 가을의 달콤함이 적절히 조화된 달콤떫쌉짤맛이다. 나의 시에서도 봄여름가을겨울이 적당히 배합되어 나만의 맛이 우러났으면 좋겠다. 부족한 줄 알면서도 용기를 내본다.

2019년 늦은 가을에

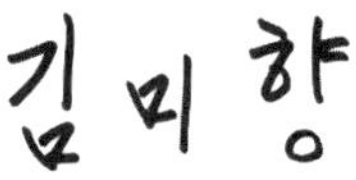

제1부

먼저 눕는 꽃

제2부

저 하늘이 부럽다

제3부

오래된 철길 위에서

제4부

싸나톨로지(Thanatology)

제1부

먼저 눕는 꽃

웅크린 잠

어둠이 아파트를 덮으면
과자 한 봉지 사 들고 들어오시는 저녁
아버지를 기다리는 내 유년은
현관 입구에서 서성인다

군데군데 옹이 박힌 볼품없는 나이테
잔뜩 주름진 얼굴로
나는 어린 시절 한 봉지 받아먹는다

내 몸에 크고 작은 가지들이 생기고서야 알았다
어두워서야 자식들 곁으로 돌아오는
아버지의 마음이
과자 한 봉지인 것을
그 과자에 왜 땀 냄새가 배어 있는지를

낮아진 어깨로 아버지를 생각하는 밤
그 얼굴 잊혀질까봐
오늘도 웅크리고 잠에 든다

아버지 1

달도 뜨지 않은 밤
어둠 깊어도 돌아오지 않는 아버지
엄마와 우리 오 남매의 근심이
살얼음으로 깔리던 날
보이지 않는 곳까지도 외등 밝히는 엄마에게
아버진 슬프도록 큰길이었다

아버지의 세무잠바가 화염 속으로 사라질 때
우리 가족의 길도 함께 사라졌다
아버지가 떠난 처마 낮은 집
아픈 기억이 옥죄었지만
우린 오래도록 떠날 수 없었다

세월이 가도 늙지 않은 아버지가
칠흑 같은 어둠 속에서 뚜벅뚜벅 걸어 나오는
그 동짓날

기나긴 외박

자연이 좋아 한평생
시골에 사신 작은할아버지
집 떠나면 큰일인 줄 알고
돈은 벌 줄도 쓸 줄도 몰라
그저 소처럼 일만 하시더니
97세에 드디어 집을 나섰다
상복제라 발인제라 통곡 뿌리자
그제사 뒷산을 오르시더니
기나긴 외박을 시작하셨다

거추장스럽다 관 벗어던지고
작은할머니가 삼 삼아 만드신
수의 한 벌 달랑
고운 흙 다복다복 덮으시더니
그 좋아하던 산이 되셨다

뒷산 소나무 오늘따라 유난히 짙고
수풀 속 새들은 분주하다

맛있는 슬픔

구절양장 굽이굽이
고생길이 서러워
늙은 아버지의 죽음 앞에
그녀의 통곡이 심상찮다

곁을 지키던 이들
유난히 맛깔스럽게
슬픔을 나눠 먹는다
오빠 어깨 들썩이고
동생들 하나둘 오열을 쏟으면
문상객들 덩달아 입맛 다신다

맛이 더해 갈수록
앞마당 아름드리 감나무까지
입술 파랗게 질려가고
큰 눈 껌벅이며 겨우 참아내던 저녁 해는
마침내 눈을 감아버렸다

먼저 눕는 꽃

비바람 세찬 밤이면
마당에 힘없이
먼저 눕는 꽃이 있다
젖어 쓸리지 않는 꽃을
힘겹게 퇴비장에 버린다
꽃은 누군가를 위해
잘 익은 퇴비가 되리라
사랑은 언젠가
다시 꽃을 피우리라

오늘
교실 한 켠에 오랫동안
빈자리로 놓여있던 책걸상 하나가
퇴비장까지 따라왔다

늙은 사과

식탁에 사과 한 알 올라온다
아침 빛이 서서히 기운다

햇살 머금었던 볼엔 한숨이 새고
별들이 박혔던 옆구리엔
그늘이 찰랑 고인다
그래도 향기만은 여전한
사과 한 알

엄마 방에서 늘 맡던 냄새
밭은기침 따라 식탁에 오른다

줄탁동시*

나의 기도는 엄마에게 닿지 못했다

사는 건 더욱 힘들고
희망은 멀기만 하던 날
엄마로 오래 살아온 내가
문득 엄마를 떠올렸을 때
전화기 너머 깊은 파장으로 다가온 음성

아가야 힘들지
참고 견디면 희망이 온단다
내가 밤낮 예배당에 가서 드리는 기도의 제목은
오직 너란다
아가야 힘내거라

엄마의 간절한 기도는
나의 벽을 깨고 계셨다

* 줄탁동시 : 병아리가 알에서 나오기 위해서는 새끼와 어미 닭이 안팎에서 서로 쪼는 현상.

나이를 먹는다는 것은

늙음은 축복이다

한 채의 집을 짓기 위해 흘린 땀방울은
마른 주름을 따라 멀리 흘러갔다
번뇌를 없애주기 위해
눈은 흐려지고
아픈 기억을 지우기 위해
귀는 점점 멀어간다
무거운 한평생을 덜어주기 위해
머리숱은 점점 줄어들었다

살아갈 날이 얼마 남지 않았다고 느낄 때
버리고 가야 할 것을 생각한다
마음의 짐을 벗고 홀가분히
이 세상 떠날 채비를 한다

코스모스

갈은 여자일수록 더 시샘인
그 여자
입술 끝 미소에
훔쳐보던 햇살 출렁이고
하늘거리는 발걸음 소리에
뭇 사내들의 눈망울이
머루알처럼 들어와 오글거린다
웃을수록 향기가
둥근 파장으로 번지는
그 여자
눈 속엔
나도, 너도
세상 여자들도 다 들어 있다

근황(近況)

멀쩡한 척 살면서도
똬리 튼 뱀처럼
내 안에 두터운 벽을 쌓았다
안에서 밖으로 다시 안으로
마음의 벽을 따라 서성거렸다
세상 속으로 들어가려 몸부림도 쳤다
빗장은 더 단단해졌고
목젖이 붓도록 아우성쳐도
아무도 열어주지 않았다

돌아서면 모두 벽이었다

봄, 교정

교정 곳곳 아이들이
가지마다 멍울을 시끄럽게 달았다
눈부신 새싹으로 치장하느라 야단이다

덩치 큰 녀석에게 가려 있던
존재감 없는 한 아이가
한 켠에 조용히 앉아 있다
그의 봄은 더디다

부목을 대주고 가지치기했다
따스한 미소를 보내니
고집스럽게 고개 숙인 얼굴에서
배시시 미소가 피어난다

온몸으로 봄을 받아낸
모두의 얼굴이 환하다

당신은 한 그루 매화나무입니다

— 존경하는 류근행 선생님께 바칩니다

꽃술에 불을 지피던 벌들이
푸른 하늘을 날아오릅니다
세찬 바람에 잠시 비척이던 나비도
가지 뒤에 매달려 바람을 피합니다

열병 같은 여름이 두렵게 다가와
온몸을 흔들던 시절
그래도 벌과 나비는 끝내
날개를 접지 않았습니다
더 큰 함성으로
더 큰 날갯짓으로
하늘마저 품고 날아올랐습니다

당신은 한 그루 나무였습니다
뿌리와 이파리
수액마저도 다 내어주고
언제나 하얀 웃음 잃지 않았습니다

이제 당신의 뒷모습에
노을이 아름답게 내려앉습니다
향기로운 바람이 가지를 스치웁니다

내일도 여전히 붉은 꽃을 피워
여전히 벌과 나비가 깃들 만한

당신은
한 그루 매화나무입니다

맘속의 노을

새벽 여명을 지나
하루해가 솟으면
광활한 시공(時空) 한 자락에 새겨지는
사랑의 흔적

바람이 허공을 가르고
새들이 푸른 하늘을 날아간다
품에 깃들었던 새순을 틔우기 위해
부지런한 이마에 땀방울이 솟고
따스한 눈물 뒤에 하루해가 저문다

사랑을 다 한 하루해가
서산을 곱게 물들이는 것은
또다시 사랑을 약속하는
우리들의 증표
더 큰 싹을 밀어 올리는
내일의 거룩한 다짐

그렇게 하루는 저물어도
맘속을 곱게 물들이는
내 사랑은 노을 한 자락

제2부

저 하늘이 부럽다

저 하늘이 부럽다

장마가 떠나자 여름이 몸져눕는다
축축한 사랑이 머물던 자리마다
버석거리는 가을이 내려앉았다

가을의 질투가 심상찮다
손끝까지 벌겋게 열이 올라
갈수록 히스테리가 사나워진다
저러다 말라비틀어지면
실어증 걸릴까 걱정이다

지난겨울 고사(枯死)한 앞마당의 플라타너스가
눈물을 뿌린 자리마다
어린나무들이 숨을 헐떡이고 있다

고향에 두고 온 가족을 평생 그리워하며
막걸릿잔 손에서 내려놓지 못하고
벌건 얼굴로 떠나신 아버지의 눈물이
오 남매의 가슴에 노을로 살아나는 이 저녁

하늘은 품었던 가을을
조용히 내려놓는다

봄, 교정 2

교문을 나서는 졸업생들의 눈물에서도
봄내음이 난다
떠나는 자들은 다시 돌아오는 것일까
그 자리에서 또 누군가를 맞이할 수 있을까

감미로운 함박눈의 교태에도
실눈 한 번 뜨지 않고
참선하듯 고요하던 교정에서
신입생들 설은 미소 몇 조각에
화르르 경계 허물어
개나리 활짝 벙글었다

움츠린 기억 금세 아득해지고
붉게 설레는 아침
가시나들 짧은 치마 펄럭거리며
봄이 재잘재잘 다가온다

식지 않는 미소

돌아가신 아버지의 얼굴엔
미처 식지 않은 미소가 남았다
굽은 세월 떠받쳐준 금니보다
더 반짝였다

얼굴에 새겨진 검은 나이테는
오 남매의 선물이라며
땀범벅인 얼굴로 번쩍 안아
미소를 비비곤 하셨던 아버지

손때 절은 세무잠바 벽에 걸어두고
뒷산 갈매나무 언덕 너머로 떠나가셨지만
밤마다 어둠을 젖히며 집으로 들어서던
그 환한 미소가 밤길을 밝혀

좁은 골목에 외등 없어도
낮은 지붕이 두렵지 않았다

식혜를 만들다가

바락바락 주물러 짜낸 엿기름처럼
나는 엄마를 짜내며 자랐다
엄마의 모성애는 근심의 다른 이름이었고
내 혈관에 녹아들었다

나를 바라보는 엄마의 눈빛이 여전하듯
내 근심은 딸아이를 향해 있다
말간 엿기름 국물을 고슬고슬한 밥에 부어
밤새 뭉근히 끓이는 밥솥에서
늙은 엄마의 세월도 나의 모성애도 익어간다

그 식혜는 참 맛있다

늦봄

꽃 지는 산에 저녁이 깊다
산은 혼자 푸르러 간다
푸르다 어둠으로 기울어 간다
모두 다 떠난 저녁 산언저리에
마음 붉게 남아
차마 발걸음 떼지 못하는
꽃 한 송이

말들의 보복

함박눈이 펑펑 쏟아진다
몇십 년 만의 폭설이란다
인간이 토해낸 언어들이
제 무게를 견디지 못하고 곤두박질친다
겨울이면 어김없이 시작되는 언어의 향연
말의 부스러기들이 단단히 뭉쳐
사람의 세상을 심판한다
행인들 꽈당 넘어지는 순간
여실히 드러난 말의 표정을 보았다
자동차가 쿵 박는 순간 폭언의 실체를 실감했다

나의 오염된 말들도 보복을 시작했다
시궁창에 빠진 자동차의 문이 열리지 않았다
몇 시간 동안의 반성 끝에 겨우 풀려났으나
문을 여는 순간 첫마디도 오염된 말이다
얼마나 더 나이를 먹어야
말들의 보복에서 자유로울 수 있을까
내 속은 부글부글 끓고
눈은 그치지 않는데

세월의 밑동

뭉툭한 복부가 애처롭다
내 몸은 슬픔의 저장고

슬픔은 가장 친한 나의 친구다
세상 처음 나올 때부터 울음으로 시작했다
사진 속에 싱싱하게 박제된 웃음조차
허공을 떠돌다가 시들어버린다

하늘 향해 핀 슬픔이
몸 곳곳에서 피어난다
그 무게를 견디지 못하고
나이만 자꾸 먹는다
체중계가 수치로 알려주는
슬픔의 크기는 점점 진화 중

수국
— 고 김종섭 시인의 묘소에서

지그시 눈을 감은 덕숭산 한 자락
고단한 몸 누이고 시와 더불어
그리움 하나쯤 숨겨놓을 법한 곳에
커다란 나무로 서 계셨다

생전처럼 든든한 추모목 곁에
수국 한 그루
이제 밤마다 꽃과 더불어 별을 세며
두고 온 날들을 이야기하리라

수줍은 미소를 지으며 돌아서던
그의 뒷모습 그리며
들이켠 한 잔 술에
수국보다 먼저 눈시울 붉어졌다
저녁노을도 오래 머물렀다

아미산

당진엔 당신이 있어
나 오늘도 사랑을 꿈꾸네

처진 내 어깨만큼 고운 이마를 낮추어
지친 등을 어루만져주던
아리따운 눈썹, 어여쁜 미소에
내 마음속 진달래 붉게 피어나고
울음 그친 두견새는
가벼운 날개를 펄럭이네

나 이곳에 몸을 뉘여도 좋으리
그대 품에 오래도록 안기어
멀리 서해 바다를 바라보며
고운 꿈 속삭여도 좋으리

당진엔 당신이 있으니
나 오늘도 사랑을 꿈꾸네

목련꽃

엊그제까지 마음을 닫고 있던 목련이
싹을 틔우려는지
몸을 자꾸 뒤척인다
눈길조차 제대로 주지 못했는데
이 겨울을 이겨낸 녀석이 대견하고
슬그머니 미안해진다

목젖까지 환하게 한바탕 웃던
목련의 기억
웃음만 남기고 사라진 커다란 꽃잎이
몹시도 그리웠는데

날씨가 유난히 춥더니
으슬으슬 떨리고 열이 난다
이곳저곳이 가렵다

나도 꽃을 피우려나 보다

사랑에 걸리다

멀리에 서 있어도
매력적인 그의 미소는
단번에 경계심을 무너뜨렸다
그에게 가는 길엔 가슴이 뛰었다
내게만 주어진 특권처럼
주변의 시선도 아랑곳하지 않았다

그런데 웬일일까
그의 눈빛이 흔들리더니
정색을 하고 돌아섰다
찬바람이 일었다
마치 한 번도 눈길 준 적 없는 것처럼
내 애절한 눈빛을 외면해 버렸다

오늘도 상처를 안고
다시 신호를 기다린다

산의 어깨가 그립다

번뇌가 삭지 않는 날은
산에 오른다
걸음마다 뱉어버린 생각의 조각들
그 독기마저 쓸어 담는 우거진 수풀 사이로
포근한 어깨를 내어주는 산

산에 올라본 사람은 안다
세상 번뇌가 아무리 끈질겨도
산등성이까지는 따라오지 못한다는 것을
아무리 무서운 독기라도
산은 단번에 풀어준다는 것을

그의 어깨에 기대어
거친 숨 고르고
잔잔한 바람인 듯 잠들고 싶다

오십견

소리 없이 쌓이던 눈이
나뭇가지 깊숙이 스며들었다
마지막 순간까지 누군가에게 기생하려는 듯
눈은 좀처럼 떨어지지 않는다

마당 가 늙은 소나무, 눈을 많이도 달았다
휘어진 가지 잘 견디는가 싶더니
뚝, 가지가 꺾였다

내 오래된 가지에도 눈이 쌓였다
아주 깊숙이 스며 털리지도 않는다
더 이상 버틸 수도 버릴 수도 없는
내 어깨가 아프다

공생

단단한 콘크리트에 뿌리내린
담쟁이의 삶이 통째로 뽑혔다
숱한 풍설을 이겨내고
나비 앉았다 간 자리에는
다시 생명이 자라고
벽에 기생한다 손가락질받으며
묵묵히 비바람을 막아낸 숨은 공로

우리 집 베란다에도 담쟁이가 산다
내 삶에 균열이 올까 염려되어
뽑아내려던 손이 멈칫했다
내가 이사 오기 전부터
오래 이 집을 지켜온 그를
나는 식구처럼 여기기로 했다
그와 더불어 살기로 했다

제3부

오래된 철길 위에서

그즈음, 낙화암

철쭉 가득
미소 만발하던 산에
그늘이 생겼다
길을 열어 안내하던 구름
멈칫거린다
긴 세월 무디어진 바위도
신경 곤두세운다

지는 때를 예감한 꽃들이
예민한 숨을 고르고
바람조차도 아래로는 불지 않는다
울긋불긋 차려입은
눈치 없는 관람객들
아래로 아래로 쏟아내는 시선을
온몸으로 거부하는 바위

날 선 절벽에 정적을 데우던
무거운 햇살이
강물에 몸을 던진다

먼동

별은 어둠을 두려워하지 않는다
옥죄는 밤의 거친 숨결을
스스로의 빛으로 저항한다
인내한 별빛이 차곡차곡 쌓인 자리에
환하게 돋아나는 아침의 싹

너의 빈자리가 어둡다
어둠이 어둠으로 채워지는 긴 밤을
너를 향한 그리움으로 채우고 있다
사랑이 싹트려나 보다

발바닥 훈장

— 미얀마에서

맨발이다
모두 맨발이다
교실에서도 사찰에서도 거리에서도
고단한 인생이다

한 아이의 발바닥에 생채기가 났다
세월 한 올 풀렸다
가련한 마음에 밴드를 붙여주려니
한사코 손을 내젓는다
상처마저도 소중한가
애써 지우려 했던 오랜 기억 속
나의 상처를 더듬는다

굳게 입을 다문 소녀
그녀의 발바닥에는 표정이 없다
아픈 내색조차 하지 않는다
긴 세월 풍파를 이겨낸 훈장이다

정전

호흡이 거칠던 냉장고가
숨을 멈추었다
온기를 잃지 않던 전기밥솥도
싸늘히 식어가고 있다
수도꼭지는 낯선 침입을 눈치챈 듯
거친 바람을 내뿜는다
행동을 멈춘 사물들이
일제히 나를 바라본다

어디선가 스며드는 냉기들이
빠른 속도로 집을 점령한다
작전 계획을 철저히 짜고 기회를 노리던
노련한 용병임이 분명하다
밀리지 않으려 이불을 뒤집어쓰고 버텨보지만
나는 차츰 허물어진다, 결박당한다

내가 오래 주인이던 집에서
목숨조차 잠시 멎는다

오동도 동백꽃

오동도 동백꽃은
나무 위에서만 피는 것이 아니다
땅 위에서만 피는 것이 아니다
당신의 가슴에서 더 붉게 피어난다

달뜬 마음을 수없이 삭이며
두 눈 아리게 올려다보는 섬
선뜻 서녘으로 넘어가지 못하는
벌건 노을 아래서
멍들도록 가슴을 치는 파도의 뒷모습처럼
보고 또 보는 꽃

오동도에서는 내 가슴이
꽃보다 더 붉어
당신 향한 간절한 마음으로
동백꽃을 읽는다

낡은 외투

좁은 길을 돌아 막다른 골목
녹슨 대못이 걸린 작은 방에
낡은 외투 하나 걸려 있다

어둠이 먼저 내려앉는 집
궁색한 입들이 재잘거리면
밤보다 깊은 새벽을 등에 걸치고
무거운 걸음을 재촉하지만
자식들은 그가 무얼 하는지 알지 못한다
그의 등 뒤에 얹힌 고단한 짐을 보지 못한다

낮은 대문 앞에 조등이 걸린 어느 날
못 위에 간신히 매달려 있던 낡은 외투는
그제야 몸을 누이고
조등은 골목을 환히 밝혔지만
뿔뿔이 흩어진 자식들은
좁은 골목에서 어둠처럼 서성거렸다

아버지 2

노란 양은주전자에
막걸리 받아오던 날

거반은 길이 마시고
거반은 내가 마셨다

길은 길대로 흔들거리고
나는 나대로 비틀거리고
아버지보다 먼저 취해
그 품에서 잠들곤 했는데

술 한잔 못 올리고 돌아와
홀로 마신 제삿날에
노란 양은주전자가 출렁거렸다

페인트를 칠하며
— 미얀마에서

낡은 건물을 간신히 이고 있는
양곤의 작은 학교
긴 세월 아이들의 한숨이 쌓인
낮은 비명 소리를 비집고 들어서면
햇살마저 거부한 담장의 거미줄에는
바람이 물어다 준 먼지가 대롱거리고
돌아서면 늘 막다른 골목
골목의 경계에 멀뚱히 서 있는
맨발의 고아들

우리는 분필 대신 붓을 들고
책 대신 페인트 통을 들고
187명의 슬픈 언어가 배긴 담장을 긁어냈다
쉽게 곁을 허락하지 않는 한숨의 은신처
휘청거리는 담장이 알록달록 생기를 찾자
우리들의 마음이 뜨거워졌다

학생들의 얼굴이 환해지기 시작했다
오랜 경계를 풀고
한 걸음씩 다가서기 시작했다
환한 빛줄기가 양곤을 밝혔다

단풍

달리는 차 위로 거침없이 몸을 던졌다
힘겨운 생의 표식처럼
얼굴은 누렇게 떠 있고
끊어진 호흡 너머로 비릿한 바닷내음이 났다
파도를 건너온 삶의 질곡이 짙은 잎맥으로 그려져 있고
그의 도드라진 줄기에는 아직도 슬픔이 자라고 있다
하늘은 시선을 거두어 가을 속으로 떠났고
춘궁기의 보릿고개를 함께 넘어온 바람은
몸을 낮추어 조의를 표한다
앞 유리에 납작 엎드려 떨어지지 않고
애절하게 바라보는 시선에
나는 딴전을 피운다
그의 생을 논하기에
내 생이 아직 슬픔을 다 담지 못했다고
내 가슴속까지 다 적시지 못했다고
먼 훗날 가던 길 멈추고 온몸으로 울다가
굵은 잎맥을 가을 속으로 보낼 때
말할 수 있으리라
그때 그가 왜 그리 슬퍼 보였는지
그에게서 왜 파도 소리가 들렸는지

전투를 위한 기도

위층은 자주 전투를 벌인다
가끔은 우리 집 안방에까지 파편이 굴러다닌다
파편의 옆구리에서는
파르르 술 냄새가 쏟아진다
남편은 재밌다며 만져보지만
난 주인한테 돌려줘야 한다며
뾰족하고 거친 조각들을
조심스레 자루에 담는다

어떻게 돌려줄까 고심하던 새벽
창밖으로 성경책을 옆구리에 끼고
나란히 새벽기도에 가는 부부가 보인다
내일의 전투를 위한 오늘의 기도인가
부부의 발자국에 고이는 어둠 위로
새벽별이 꿈틀거리고 있다

연륜

여릿한 삶에 밑간을 하고
오랜 세월이 지났다

꽃 지는 아침에도
햇살을 물어오는 새 소리
네가 떠난 뒤에도
그리움으로 남은 추억

꼭 슬프지만은 않은
꼭 아프지만은 않은
향기로운 생채기

내게도 적당한 간이 배었나 보다

고구마 손톱

"할머니, 손톱 깎아드릴게요"
"그래, 우리 손주며느리 참 착하기도 하지"

곳곳에 멍이 들어 푸르스름한 손
앙상한 손마디보다 더 두툼했던 손톱
간간히 밭은기침 소리는
힘겹게 문지방을 넘어오고
온 방 안에 할머니 냄새가 스멀스멀 스며
그 방이 할머니였고
할머니가 그 방이었다

할머니 떠난 지 여러 해
그 방은 고구마 저장고가 되었다
힘겨운 숨소리가 매달려 있고
매캐한 냄새가 방 안에 자욱했다

쭈글쭈글한 살을 비집고
고구마에 싹이 돋았다
온 힘 다해 싹을 밀어 올리는 고구마한테서
할머니의 손톱이 자라났다

연민

손 없는 바람도
그의 옷자락을 흔드는데

발 없는 햇살도
그의 아침을 깨우는데

흔들지도 깨우지도 못하고
그의 곁을 서성이다가

늦은 저녁
먼 산을 넘는 노을

오래된 철길 위에서

군산 경암동 철길마을에서
기다렸다는 듯 품에 안기는
대여 교복
흰머리가 제법 익숙한 얼굴 위로
웃음이 떼구르르 구르자
슬며시 대여되는 젊음

떠나버린 기차를 기다리느라
속이 새카맣게 탄 철길은
순간의 젊음을 사진에 담아주며
기차는 다시 온다고 속삭인다

책가방 들고
쫀드기에 달고나를 하며
교복 입은 내 추억은
아직은 늙지 않았다고
아직도 마음은 청춘이라고

기차는 오지 않는데

제4부

싸나톨로지(Thanatology)

통일 비법

통일 비법을 배우러 독일에 갔다
동서독 총리가 포옹하며
둘이 하나 됨을 자랑하는
베를린 장벽의 벽화들이
우릴 보자 수군거렸다

쉽지 않을 거야
쉽지 않지

밥솥을 사 들고 돌아온 길에
밥을 짓는다
뜨겁게 몰아치기도 하고
뭉근히 어루만지기도 하면서
물과 쌀이 잘 어우러진 윤기 나는 밥
통일의 비법이 거기에 있었다

쉽진 않을 거야
어렵지도 않을 거야

불면증

나의 오랜 연인이었던
그는 나를 이뻐했다
나도 그를 좋아했다
세상의 어떤 장애물도
우릴 갈라놓을 수 없었다
변하지 않는 사랑이었다

어쩌다 길을 잘못 들었을까
변치 않는 것은 정말 없을까
거울 속에
주름진 세월이 들어 있다
거기 갇힌
가여운 여인이 있다

이제야 알 것 같다
그가 떠난 이유를

씨~

씨~
운동장에서 욕을 하다 마주친
어린 초등학생이
멋쩍은 표정으로 쳐다본다
해맑다

씨~
복도에서 마주친 고등학생이 친구에게 욕을 하다
날 보고 흠칫한다
하필 선생이 거기 왜 있나
작은 원망이 담긴 표정이다

나는 욕을 하지 않는다
고매한 표정으로 애써 웃지만
그럴 때면 내 얼굴은 참 못났다
욕이 잔뜩 담겨 있다

씨~

몽돌

모난 마음으로 바다에 갔다
몽돌 하나가 부드럽게 손짓했다
억겁의 인연이었을까
화장실까지 따라와
칫솔 받침대가 되어주었다

양치 후 입안에서 갯내가 나고
몸속에 파도가 일렁였다
거친 생각들이 파도에 쓸려 가고
나의 모서리가 사라져 갔다

모난 마음 모두 바다에 던지고
둥근 사람이 되기로 했다

우리들의 밤

좁은 골목마다 긴 한숨을 깔며
지붕 낮은 집으로 돌아가는
그 마음 다칠까
못 본 척 둘러 가지만
어둠과 어둠으로 전이되는 슬픔

등록금 재촉에 눈물부터 보이던 아이
남몰래 얘기해 놓고도
미안한 마음은 집까지 따라왔다

별은 또 피었다 지고
별빛 뒤에 숨어 우는 너의 얼굴은
한 잔 술로도 잊혀지지 않았다

한숨과 눈물로 빛을 기다리는
우리들의 밤은 왜 이리 더딘가

동행 2

날 버리고 추월하진 않을까
주변 둘러볼 겨를도 없이
숨 가쁘게 내달리는 1차로는 두려워
너와는 상관없이
내 길만 가는 3차로는
네게서 멀어질까 두려워

오늘도 난 2차로만 간다
너의 차가운 눈빛
감당할 길 없어
묵묵히 시선을 맞추고 동행하는 길

어깨와 어깨를 마주하는
나의 사랑법

안방의 시계

시계가 조금씩 늦어진다
시간과 시간 사이에서 머뭇거린다

세월은 늘어지고
시침과 분침 사이
질곡의 세월을 건너온 바람이 분다

오래가는 밧데리를
갈아 끼울 수 있으면 좋으련만
안방 앞에서 발걸음을 떼지 못하고
점점 더 머뭇거리는
어머니의 몸짓

엄마
제발 누워만 있지 말고 나가서 운동 좀 해요

에고, 이젠 다 됐는지 몸이 말을 안 들어

이 가을에

가을하늘을 듣는다

이파리부터 뿌리까지
말없이 받아들인 단풍나무

빨강 머리 염색한 아이들을
묵묵히 받아주는 하늘의 품

교문 앞에서
염색 머리 아이들을 골라내는 내게
바람이 일침을 가한다

아이들에게 벌을 주는 나를
뒷산이 말없이 내려다보고 있다

축제

춤을 춘다
가을 하늘이 무대처럼 펼쳐진다
사방에서 비추는 스포트라이트
내가 알지 못했던 또 다른 내가
하늘보다 더 높이 오른다

마음은 구름처럼 둥실둥실 흐르는데
서릿발처럼 꽂히는 따가운 시선
건널 수 없는 현실의 깊은 강
이 밤, 춤과 노래는 깊어가는데
철책 같은 교문에는 여전히
어설픈 내가 매달려 있다

오늘 다시 춤을 추자
마음과 마음을 이어
서로를 불사르는 불꽃이 되자
꿈의 징검다리를 딛고
사뿐사뿐 건너다보면
마침내 마침내 하늘을 오르리라
마침내 빛이 되리라

우리 오늘 다시 꿈을 꾸자
우리 오늘 다시 춤을 추자

마지막 축복

사회복지재단
미동도 않고 누워 계시는 할머니 한 분
눈과 귀가 멀었으나
누군가 곁에 있다는 사실에
비로소 세상을 만난 듯했다
세상과의 끈을 놓지 않으려는 듯
긴 기억의 강을 보여주셨다

혼자 있어도 난 참 행복하다우
앞이 안 보이면 어떻고
귀가 안 들리면 어떻수
큰아들부터 막내딸까지 생각하다 보면
하루가 금방 간다우
가족은 나의 마지막 축복이지

피곤하다고 투덜거리며 아침밥 짓던
내가 맹인이었구나

나이테

엄마의 몸이 서걱거린다
수액을 먹고 자란 자식들이
화사한 꽃을 피워내도
엄마의 주변엔
이리저리 바람만 맴돈다

자식에게 모두 주고
추억만 안고 살아가는
엄마의 손목엔 시계가 없다
깊이를 짐작할 수 없는
세월의 무늬만
엄마의 시간을 익히고 있다

청춘

청춘의 실패는
더 높은 데서 떨어질 때
견디는 힘, 굳은살
청춘을 익히는 건
햇살과 바람

떫은맛이 점점 사라지고
달콤한 육질로 익어가는 열매에는
햇살이 들어 있다
푸른 바람 소리가 들린다

청춘의 아픔은
그래서 뜨겁다
그래서 푸르다

나의 삶은

저만치 있는 줄 알았던
무정한 가을이 훌쩍 자리 잡았다
속절없이 떠나보낸 시간들 속에서
내 그림자를 들여다본다
거기 한 여인이 웅크리고 있다

생은 끝없는 시간을 향해 걸어가고
삶의 끝에 죽음이 있는 줄 알았는데
삶과 죽음이 한 몸이다
생의 족적 위로 죽음이 함께 걷는 것을
가을이 오고서야 알았다

내 삶의 숨결이 낯설게 펼쳐지고
생의 호흡들이 거칠어져
잘 길들여진 나의 발자취 위로
겨울이 불쑥 내려앉을 때
말하리라

지난봄은 지난했고
여름의 호흡은 가팔랐지만
가을의 뒷모습이 아름다웠기에
나의 겨울은 따뜻했노라고

기다림

살짝 열린 문틈으로
어둠이 먼저 들어왔다

불을 켜기도 전에
별빛도 따라 들어왔다

다 이해한다는 듯
넉넉하게 웃고 있는 보름달에게
내 마음을 들켰다

당진 장날

평생 호미 잡아 쩍쩍 갈라진 갈퀴손에
하얀 가루분을 바른 날
엄마의 얼굴엔 자리다툼이 생긴다
덕지덕지 분들이 소란을 피워도
자꾸 검정색이 묻어난다
빨간 입술만 동동 뜬다
엄마가 심하게 멋을 부렸다

당진 장날엔 울엄마가 참 많다

싸나톨로지(Thanatology)*

나는 매일 죽음을 맞이한다
죽음은 실타래 풀리듯 다가오지만
오늘의 죽음을 내일로 미루는
나의 오만
품위 있는 내일을 위해 고군분투하지만
오늘 속에 내일이 함께 있다

삶으로부터의 탈출이 어둠을 낳았다
어둠은 좀처럼 비켜주지 않는다
훌쩍이는 바람을 따라 어깨가 들썩이고
소화되지 않은 슬픔이 오래 머물러 있다

안개 걷히고 햇살 가득한
언젠가, 내 생의 마지막 날
멋진 시 한 편과
푸른 휘파람이 함께한다면
기꺼이 떠나리라
죽음을 살리라

* 싸나톨로지(Thanatology) : 죽음은 모든 인류가 겪는 보편적인 현상이기에, 인간을 주제로 하는 모든 문화(국가별 · 지역별 · 민족별)와 학문(철학, 신학, 윤리학, 심리학, 교육학, 사회학, 문화인류학, 의학, 간호학, 보건학 등)은 각기 자신의 고유한 관점을 가지고 죽음에 대해 다룸을 말함.

시간을 사는 이의 '싸나톨로지'

— 김미향 시집 『향기로운 생채기』에 붙여

방민호(서울대 국문과 교수)

1.

필자의 고향은 예산 덕산이어서 당진이라면 아주 가깝게, 고향처럼 느껴진다. 얼마 전에 이 당진에 가 아미산을 멀리 보며 독특한 아미 미술관에도 들르니 예술 신흥의 장소를 방문한 듯한 느낌이 들었다.

김미향 시인의 시집 『향기로운 생채기』는 이 당진에 시문학이 살아 숨 쉬고 있음을 보여주는 훌륭한 사례일 것이라 생각한다. "당진엔 당신이 있어/ 나 오늘도 사랑을 꿈꾸네"(「아미산」)라고 노래한 김미향 시인은 같은 시에서 "나 이곳에 몸을 뉘여도 좋으리/ 그대 품에 오래도록 안기어"라 했다. 김미향 시인은 태어난 고향은 이곳이 아니라도 자신이 몸 붙이고 살아가는 이곳을 고향처럼 가깝게, 육친애의 감정으로 향수하며 살아가는 사람이라고 생각된다.

그러나 『향기로운 생채기』는 단지 어떤 특정한 공간의 산물이라서가 아니라 서정시의 본령을 잘 체득한 사람의, 시에 대한 경건하고도 아름다운 태도와 언어를 갈고 다듬는 노력이 잘 발휘된 시집이라는 점에서 논의의 가치가 충분하다고 할 것이다.

김미향 시인이 자신의 시의 길을 어떻게 내가는가를 살펴보기 위해서는 먼저 짧으면서도 아름다운 시를 감상해 보는 것이 좋다.

꽃 지는 산에 저녁이 깊다
산은 혼자 푸르러 간다
푸르다 어둠으로 기울어 간다
모두 다 떠난 저녁 산언저리에
마음 붉게 남아
차마 발걸음 떼지 못하는
꽃 한 송이

—「늦봄」, 전문

시라는 것은 본래 언어예술 문학의 매체인 언어가 음악과 만나는 장소에서 태어난 독특한 장르다. 발생론적으로 보면, 산문보다 앞서 있으되 바로 그렇기 때문에 음악과 언어와 몸짓이 한데 어우러진 '종합적 예술'에서 갓 떨어져 나와 아직은 음악과는 결별하지 '못한' 상태를 간직하고 있는, 그만큼 오래된 예술이다. 그래서 시는 소설보다 완연히 짧고, 그 짧은 시형 안에서도 음악을 간직해야 한다.

위에 인용한 시 「늦봄」은 필자의 '충청도' 음률 감각으로 보면 4음보를 기조로 삼되, 5연과 7연에 변화를 주면서 이 변화가 시의 내용과 적절히 어울리는 아름다운 시다. 시인은 늦봄의 산 풍경을 노래하는데 몇 마디 안 되는 짧은 시형 속에 이 늦은 봄의 쓸쓸, 외로운 풍경을 손에 잡힐 듯 그려내는 솜씨를 '부렸다.' 마지막 시행의 "꽃 한 송이"가 이 적막한 풍경의 '화룡점정'이다.

정물화 같은 그림을 그려내는 데 능숙한 시인의 솜씨는 다음의 시 같은 곳에서도 잘 나타난다.

식탁에 사과 한 알 올라온다
아침 빛이 서서히 기운다

햇살 머금었던 볼엔 한숨이 새고
별들이 박혔던 옆구리엔
그늘이 찰랑 고인다
그래도 향기만은 여전한
사과 한 알

엄마 방에서 늘 맡던 냄새
밭은기침 따라 식탁에 오른다

—「늙은 사과」, 전문

이 시는 식탁에 올라와 있는 사과 하나를 초점 삼아 쓴 시다. 한 알 사과를 대상으로 삼아 노래한다는 것은 쉬운 것 같으면서도 어려운 일이지만, 김미향 시인은 여기서도 이 사과 한 알의 '풍경'을 선명하게 그려내는 솜씨를 보였다.

무엇보다 필자가 탄복한 것은 2연 부분, 특히 "그늘이 찰랑 고인다"라고 표현한 부분이다. 햇살이 기울어 사과의 어느 부분에 "그늘"이 생기는 순간을 이렇게 시인은 "찰랑"이라는 말로 민첩하고도 '정확하게' 포착해 내고 있다.

시라는 것은 무엇보다 언어를 어떻게 벼리는가가 관건이고, 시인이라는 직업을 갖게 위해서는 이 말이 무섭고 섬세한 것을 알아야 한다고 생각한다. 이 시집은 이 짧은 시편들로만 보아도 이미 어떤 수준, 경지에 들어서 있다 할 만하다.

2.

이 시집에서 가장 분명하게 드러나는 시인의 내면 풍경 가운데 하나는 아버지의 기억이다.

아들은 어머니를, 딸은 아버지를 더 간절하게 느끼게 된다고 말한다면, 이는 흔한 속설을 옮겨놓은 것이 될지도 모르고, 오히려 아들이 아버지를, 딸이 어머니를 같은 동성으로서 '같은' 삶을 뒤밟아 가는 동정과 상

애가 작용할 수도 있다. 그러나 각각이 경우가 다른 가운데 김미향 시인에게는 무엇보다 아버지가, 아버지의 기억과 흔적이 더욱 간절하다. 이는 아마도 그녀의 삶의 과정에서 두고두고 아버지의 삶의 고단함을, 새록새록, 실감해 나올 수밖에 없었기 때문인지도 모른다.

시인은 이러한 아버지의 인상을 이제 볼 수 있듯이 단 하나의 시구로 단번에 잡아내는 압축, 응축의 기질을 드러낸다.

> 좁은 길을 돌아 막다른 골목
> 녹슨 대못이 걸린 작은 방에
> 낡은 외투 하나 걸려 있다
>
> 어둠이 먼저 내려앉는 집
> 궁색한 입들이 재잘거리면
> 밤보다 깊은 새벽을 등에 걸치고
> 무거운 걸음을 재촉하지만
> 자식들은 그가 무얼 하는지 알지 못한다
> 그의 등 뒤에 얹힌 고단한 짐을 보지 못한다
>
> 낮은 대문 앞에 조등이 걸린 어느 날
> 못 위에 간신히 매달려 있던 낡은 외투는
> 그제야 몸을 누이고
> 조등은 골목을 환히 밝혔지만

뿔뿔이 흩어진 자식들은
좁은 골목에서 어둠처럼 서성거렸다

—「낡은 외투」, 전문

이 시는 아버지를 곧장 호명하고 있지는 않으므로, 직접 시인의 아버지에 관해 노래하고 있는 것은 아닐지도 모른다. 그러나 다음과 같은 또 다른 시의 변주가 있다.

돌아가신 아버지의 얼굴엔
미처 식지 않은 미소가 남았다
굽은 세월 떠받쳐준 금니보다
더 반짝였다

얼굴에 새겨진 검은 나이테는
오 남매의 선물이라며
땀범벅인 얼굴로 번쩍 안아
미소를 비비곤 하셨던 아버지

손때 절은 세무잠바 벽에 걸어두고
뒷산 갈매나무 언덕 너머로 떠나가셨지만
밤마다 어둠을 젖히며 집으로 들어서던
그 환한 미소가 밤길을 밝혀

좁은 골목에 외등 없어도

낮은 지붕이 두렵지 않았다

—「식지 않는 미소」, 전문

이 시의 3연에서 보듯이 화자, 곧 시인의 아버지는 "손때 절은 세무잠바"를 "벽에 걸어두고" 계셨으니, 앞의 시에 나오는 "낡은 외투"란 곧 이 "손때 절은 세무잠바"라 보아도 무방할 수 있고, 혹여 그렇지 않다 해도, 이 두 시구는 같은 계열의 의미론적 위상을 가지고 있다고 볼 수 있다.

시인은 이 시집에서 위의「낡은 외투」,「식지 않는 미소」외에도「아버지 1」,「아버지 2」와「웅크린 잠」같은 시들을 통해서 자신의 마음속 깊이 낙인찍힌 '아버지'의 인상을 거듭 보여준다. 그녀에게 아버지는 "식지 않는 미소"로, "낡은 외투"로, "손때 절은 세무잠바"로, "과자 한 봉지", "낮아진 어깨"(「웅크린 잠」같은 것으로 시인의 마음속에 남아 있다.

이 아버지는 화려하고 멋진 아버지는 아니지만, 자신의 고단한 생애를 식구들을 위해 바칠 줄 아는 자애로운 존재로 나타난다. 시인은 자신이 나이가 들어가며 이 아버지가 세상에 왔다 간 의미를 자꾸 새롭게 인식해 간다.

그녀가 자신의 식구들을 위해 헌신할 수 있는 것도 어쩌면 바로 그 아버지에게서 얻은 사랑 덕분인지도 모른다. 뿐만 아니라 시인은 아버지뿐 아니라, 평화로운 말년을 보내고 계시는 어머니와(「안방의 시계」, 「나이테」, 「줄탁동시」), 자신이 손톱을 깎아 드리던 할머니와(「고구마 손톱」), '97세 나' 되는 연세에 세상을 떠난 작은 할아버지(「기나긴 외박」) 같은 이들의 기억을 알뜰하게 시로 갈무리한다. 이러한 육친적 존재들의 기억, 그들이 그녀에게 베풀어 준 사랑의 기억은 그녀로 하여금 "가족은 나의 마지막 축복"(「마지막 축복」)이라는 시구를 가능하게 해주는 넓은 사랑의 원천이라 할 수 있다.

이러한 시들 가운데 어머니의 기억을 노래한 다음의 시는 일상적 삶의 단면에서 모성애적 사랑의 의미를 되새길 수 있게 해주는 경우의 하나다.

> 바락바락 주물러 짜낸 엿기름처럼
> 나는 엄마를 짜내며 자랐다
> 엄마의 모성애는 근심의 다른 이름이었고
> 내 혈관에 녹아들었다
>
> 나를 바라보는 엄마의 눈빛이 여전하듯
> 내 근심은 딸아이를 향해 있다
> 말간 엿기름 국물을 고슬고슬한 밥에 부어
> 밤새 뭉근히 끓이는 밥솥에서
> 늙은 엄마의 세월도 나의 모성애도 익어간다

그 식혜는 참 맛있다

—「식혜를 만들다가」, 전문

3.

이러한 시인의 육친애적 사랑은 교사로서의 삶을 살아가는 그녀의 삶에 자연스럽게 스며들어 있는 것으로 보인다. 이 시집에는 학교 주위에서 일어나는 에피소드들을 소재로 삼은 시들이 많은데(「봄, 교정」, 「봄, 교정 2」, 「씨~」, 「발바닥 훈장」, 「페인트를 칠하며」) 등등, 이 가운데에서도 그녀가 고단하면서도 어떤 '투쟁'이 생활을 함께 겪은 선생님들에 대한 기억은 일종의 '송가'이자 '추모사'이면서도 시인의 간절한 심정이 아주 잘 표현된 아름다운 시들이다.

(가)
꽃술에 불을 지피던 벌들이
푸른 하늘을 날아오릅니다
세찬 바람에 잠시 비척이던 나비도
가지 뒤에 매달려 바람을 피합니다

열병 같은 여름이 두렵게 다가와
온몸을 흔들던 시절
그래도 벌과 나비는 끝내
날개를 접지 않았습니다

더 큰 함성으로
더 큰 날갯짓으로
하늘마저 품고 날아올랐습니다

당신은 한 그루 나무였습니다
뿌리와 이파리
수액마저도 다 내어주고
언제나 하얀 웃음 잃지 않았습니다

이제 당신의 뒷모습에
노을이 아름답게 내려앉습니다
향기로운 바람이 가지를 스치웁니다
내일도 여전히 붉은 꽃을 피워
여전히 벌과 나비가 깃들 만한

당신은
한 그루 매화나무입니다

—「당신은 한 그루 매화나무입니다」, 전문

(나)
지그시 눈을 감은 덕숭산 한 자락
고단한 몸 누이고 시와 더불어
그리움 하나쯤 숨겨놓을 법한 곳에
커다란 나무로 서 계셨다

생전처럼 든든한 추모목 곁에
수국 한 그루
이제 밤마다 꽃과 더불어 별을 세며
두고 온 날들을 이야기하리라

수줍은 미소를 지으며 돌아서던
그의 뒷모습 그리며
들이켠 한 잔 술에
수국보다 먼저 눈시울 붉어졌다
저녁노을도 오래 머물렀다

—「수국」, 전문

위의 시들 중 (가)「당신은 한 그루 매화나무입니다 –존경하는 류근행 선생님께 바칩니다」에서 시인은 "열병 같은 여름", 두려움이 "온몸을 흔들던 시절"의 기억으로 돌아간다. "그래도 벌과 나비는 끝내/ 날개를 접지 않았다"고 노래한다.

이것은 분명 지나간 어떤 어려웠던 시절의 기억으로 돌아간 표현일 텐데, 여기서 필자는 교사들에게도 힘겨운 시대적 현실이 함께 하던 시절을 떠올리며 시인의 어떤 내적 고통을 가늠해 보게 된다. 현실은 지금도 평화롭지만은 않으나 어느 때는 교사도, 학생도, 그 밖의 어떤 사회적 존재들도 자신의 생명 같은 직업이나 신분을 내걸고 싸워야 할 때도 있었다.

삶은 그런 것이라고 생각한다. 「수국 -고 김종섭 시인의 묘소에서」 또한 지금은 세상에 없는 한 시인의 모습을 추모하고 있는데, 그 또한 "생전처럼 든든한 추모목"이라는 표현이 보여주듯이 "한 그루 매화나무" 같았던 앞서의 선생님과 같이 어려움 속에서도 굳건한 태도를 잃지 않았던 사람이었던 것이다.

세상을 알아가면서도 필자가 생각하게 되는 것은 외면적으로 버젓한 행색을 꾸미기는, 그것도 어렵지만 아주, 극히 힘든 일만은 아니라는 것이다. 그보다 더 어렵고 힘든 것은 그가 서 있는 어떤 곳에서 그 사람과 함께 생활하고 또 그이를 지켜보는 주위 사람들로부터 가치 있는 사람, 인간적인 사람으로 기억되는 일이다. 아마도 두 시의 주인공은 바로 그러한 사람들로 기억될 수 있는 사람들이었던 듯하다. 그러나 이러한 사람들의 존재를 발견하고 보듬고 기억해 주는 사람은 바로 그러한 능력으로 인해 그들이 감당한 삶의 가치를 알리고 퍼뜨릴 수 있는 훌륭한 매개자가 될 수 있을 것이다.

4.

이 시집의 이름을 시인은 『향기로운 생채기』라고 지었는데, 이것은 지금까지 이야기해 온 시인의 경험들, 아버지, 어머니의 기억과 삶의 현장에서 함께 견뎌온 사람들의 경험들을 생각하게 한다.

나무는 세월이 흐르면서 가지를 뻗고 비바람과 햇살에 피부가 갈라지고 때아닌 타격에 상처를 입는다. 꽃은 이지러지고 꽃잎은 흩어진다. 사람은 어렸을 때는 따사로운 사랑 밑에 있을 때 많되, 나이 들어가면서 세상 입문의 고통을 맛보고 사랑의 고통과 상실을 겪고 사랑하는 사람들이 하나둘 떠나가는 슬픔을 겪게 된다.

'향기로운 생채기'는 이렇듯 삶이 깊어갈수록 상처가 많아지고 깊어지는, 그러면서 삶이 상처의 향기를 쏘이게 되는 역설을 표현하고 있다. 그래서 필자는 이 시집의 진정한 주제는 시간의, 세월의 '감각' 같은 것이라고, 이 흐름이 시인에게 부여한 상념과 인생에의 침잠을 '기록'하고자 한 것이 바로 이 시집의 구상이라고 생각하게 된다.

이를 말해주듯 「연륜」에서 시인은 "여릿한 삶에 밑간을 하고/ 오랜 세월이 지났다"고 노래한다. "꼭 슬프지만은 않은/ 꼭 아프지만은 않은/ 향기로운 생채기"는 바로 이 '연륜'에서 나오는 것이며, 그래서 시인 화자는 "내게도 적당한 간이 배었나 보다"라고 이야기할 수 있다. 이와 같은 인식을 다르게 표현한 시로 다음과 같은 것도 있다.

> 뭉툭한 복부가 애처롭다
> 내 몸은 슬픔의 저장고
>
> 슬픔은 가장 친한 나의 친구다

세상 처음 나올 때부터 울음으로 시작했다
사진 속에 싱싱하게 박제된 웃음조차
허공을 떠돌다가 시들어버린다

하늘 향해 핀 슬픔이
몸 곳곳에서 피어난다
그 무게를 견디지 못하고
나이만 자꾸 먹는다
체중계가 수치로 알려주는
슬픔의 크기는 점점 진화 중

—「세월의 밑동」, 전문

이 시에 나타나는 "슬픔"은 "생채기"의 다른 이름일 것이다. '연륜'은 생채기를 낳고, 생채기는 슬픔의 감정으로 통할 것이다. 그런데 이 시는 이 생채기며 슬픔의 "저장고"인 "내 몸"을, 마치 아버지를 "낡은 외투"며 "손때 절은 세무잠바"로 표현할 때처럼 압축, "뭉툭한 복부"의 '한 획'으로 긋는다. "내 몸은 슬픔의 저장고", 이 몸 안에 "슬픔"이 자라 피어나 있음을 시인은 고통스럽게 인식하지 않을 수 없다.

필자가 보기에 이러한 시인의 시간, 세월의 인식, 상처와 슬픔의 인식이 참된 열매를 맺은 두 편의 시가 있다. 이 시들은 저 유년 시대부터 젊음의 계절을 지나 "슬픔의 저장고" 시대에 이르기까지의 자신의 삶을 찬

찬히, 깊이 돌아다봄으로써 얻은 것이다.

(가)
저만치 있는 줄 알았던
무정한 가을이 훌쩍 자리 잡았다
속절없이 떠나보낸 시간들 속에서
내 그림자를 들여다본다
거기 한 여인이 웅크리고 있다

생은 끝없는 시간을 향해 걸어가고
삶의 끝에 죽음이 있는 줄 알았는데
삶과 죽음이 한 몸이다
생의 족적 위로 죽음이 함께 걷는 것을
가을이 오고서야 알았다

내 삶의 숨결이 낯설게 펼쳐지고
생의 호흡들이 거칠어져
잘 길들여진 나의 발자취 위로
겨울이 불쑥 내려앉을 때
말하리라

지난봄은 지난했고
여름의 호흡은 가팔랐지만
가을의 뒷모습이 아름다웠기에
나의 겨울은 따뜻했노라고

—「나의 삶은」, 전문

(나)

나는 매일 죽음을 맞이한다
죽음은 실타래 풀리듯 다가오지만
오늘의 죽음을 내일로 미루는
나의 오만
품위 있는 내일을 위해 고군분투하지만
오늘 속에 내일이 함께 있다

삶으로부터의 탈출이 어둠을 낳았다
어둠은 좀처럼 비켜주지 않는다
훌쩍이는 바람을 따라 어깨가 들썩이고
소화되지 않은 슬픔이 오래 머물러 있다

안개 걷히고 햇살 가득한
언젠가, 내 생의 마지막 날
멋진 시 한 편과
푸른 휘파람이 함께한다면
기꺼이 떠나리라
죽음을 살리라

—「싸나톨로지」, 전문

이 두 편의 시는 참으로 삶과 죽음에 대한 시인의 '명철한' 사유가 드러난다고 해도 좋을 것이다. 우리들 현대인은 인생을 바쁘게 보내기에 여념 없어 삶이 죽음으로 가는 것임을, 삶 속에 죽음이 살고 있음을 깨닫지 못하는 경우가 많다. 인생의 근본 문제가 삶과 죽음에 있고, 사느냐 죽느냐 하는 질문에 있음을 잊은 채 삶 이편의 자잘한 문제들에 정신은 빼앗기는 시간들이 헛되게 흘러간다.

『향기로운 생채기』의 시인은 그러나 어둠 속에서 밝게 등불을 켠 의식을 지니고 있는 사람이다. 그녀는 노래한다, "나는 매일 죽음을 맞이한다"고, "삶과 죽음이 한 몸"이라고. 이렇게 노래할 수 있는 이 시인은 언제나 자신의 아버지와 어머니가 겪었고 겪을 그것, 죽음을 삶 끝에 맞이하리라는 것을 의식한다.

그래서 그녀는 '싸나톨로지'(Thanatology)를 한다. 한국 싸나톨로지 학회는 그 학문을 이렇게 정의 내린다. "특정 학문의 관점에 얽매이지 않고 전체를 바라보고 아우르는 시각에서 죽음과 관련된 현상들을 연구하는 학문", "죽음을 다루는 생명학(the study of life – with death left in)". 이 시인은 매일 싸나톨로지를 실천에 옮기려는 의식을 품고 언젠가는 자신의 삶이 끝을 맞이하리라는 '성숙한' 시선으로 자기 자신, "거기" "웅크리고 있"는 "한 여인"을 응시할 수 있는 시인이다.

그래서 그녀는 자신의 "겨울"을 따뜻한 것으로 맞아들일 수 있다. 또한 "기꺼이 떠나리라", "죽음을 살리라"고 단언할 수 있다. 삶 속에서 죽음을 직시하고 생의 마지막 끝에 이르기까지 명철한 의식을 잃지 않으려는 놀라운 태도가 이 두 시편에 담겨 있음을 느낀다.

뜬금없는 이야기이겠지만, 언젠가 사주명리학의 '12운성'에 관한 이야기를 들으니, 사람의 삶의 '순환'은 '장생(長生), 목욕(沐浴), 관대(冠帶), 건록(乾祿), 제왕(帝旺), 쇠(衰), 병(病), 사(死), 묘(墓), 절(絕), 태(胎), 양(養)'의 열두 시기(또는 단계)로 표현되고 있었다.

태어나고 죽음이 끝이 아니요, 죽어 묘에 들어 평안하게 되고 다시 모든 것이 끊겼다 새로이 생명을 받아 태어나게 된다는 이 끝없는 순환의 묘리를 어찌 쉽게 터득할 수 있을까. 우리는 죽음 저편의 세계를 알지 못하고, 태어나기 전의 일도 알지 못하고, 그런 것이 있는지 없는지조차 알지 못한다. 단지 태어나 성장하여 사랑을 하고 병들고 죽어가는 이승의 시간만을 명확히 실감한다.

『향기로운 생채기』를 통하여 시인은 이 이승의 삶의 자연스러운 이치를 응시하며 자신에게 주어진 삶의 시간들을 사랑으로, 강렬하게 의식하며 살아가고자 한다. '싸나톨로지', 이것은 시인으로 하여금 일상의 불평과 곤란을 넘어서게 하는 삶의 방법론이자 태도라 할 것이다.

그리하여 바로 이 명철한 진지성 속에서 삶의 활기에 대한, 아직은 삶이 죽음보다 강함을 실감하게 하는 유머러스한 기풍의 시편도 모습을 선보인다. 다음과 같은 시가 바로 그런 것이리라.

평생 호미 잡아 쩍쩍 갈라진 갈퀴손에
하얀 가루분을 바른 날
엄마의 얼굴엔 자리다툼이 생긴다
덕지덕지 분들이 소란을 피워도
자꾸 검정색이 묻어난다
빨간 입술만 동동 뜬다
엄마가 심하게 멋을 부렸다
당진 장날엔 울엄마가 참 많다

—「당진 장날」, 전문

우리는 지금 죽음을 향해 가지만 이 시에 등장하는 당진 장날의 노인네 분들처럼, 바로 이 시인의 "울엄마"처럼 삶을 향유하게 마련인 것이다. 『향기로운 생채기』, 참 멋진 '싸나톨로지'의, 삶의 깊은 활기의 '생철학'이 아니던가!

문학세계대표작가선 907
향기로운 생채기

김미향 제2시집

인쇄 1판 1쇄 2019년 12월 14일
발행 1판 1쇄 2019년 12월 21일

지 은 이 : 김미향
발 행 처 : (재)당진문화재단
주　　소 : 충남 당진시 무수동2길 25-21
전　　화 : 041)350-2932
팩　　스 : 041)354-6605
http://www.dangjinart.kr/

펴 낸 이 : 김천우
펴 낸 곳 : 도서출판 천우
등　　록 : 1992. 2. 15. 제1-1307호
주　　소 : 서울시 성동구 무학봉28길 6 금용빌딩 2F
전　　화 : 02)2298-7661
팩　　스 : 02)2298-7665
http://moonhak.wla.or.kr
E-mail : chunwo@hanmail.net

© 김미향, 2019.

값 10,000원

* 도서출판 천우, 당진문화재단과 저자의 서면 동의 없는 무단 전재 및 복제를 금합니다.
* 저자와의 협의에 따라 인지는 생략합니다.

이 책은 당진문화재단 사업비로 제작되었으며 「2019 당진 올해의 문학인」 선정작품집입니다.

ISBN 978-89-7954-789-4

이 도서의 국립중앙도서관 출판예정도서목록(CIP)은 서지정보유통지원시스템 홈페이지(http://seoji.nl.go.kr)와 국가자료공동목록시스템(http://www.nl.go.kr/kolisnet)에서 이용하실 수 있습니다. (CIP제어번호: CIP2019048337)